# 숲속, 서성이는 푸른 별

리토피아포에지 · 119
숲속, 서성이는 푸른 별

인쇄 2021. 8. 25 발행 2021. 8. 30
지은이 남기원 펴낸이 정기옥
펴낸곳 리토피아
출판등록 2006. 6. 15. 제2006-12호
주소 21315 인천시 부평구 평천로255번길 13, 부평테크노파크M2 903호
전화 032-883-5356 전송032-891-5356
홈페이지 www.litopia21.com 전자우편 litopia999@naver.com

ISBN-978-89-6412-148-1 03810

값 9,000원


* 잘못 만들어진 책은 바꿔드립니다.
* 이 책은 전라남도, (재)전라남도문화재단의 후원을 받아 발간되었습니다.

남기원 시집

# 숲속, 서성이는 푸른 별

LITERATURE & UTOPIA

## 시인의 말

바람만 스쳐도
생채기가 이는 지구 한 모퉁이,
작은 오두막집 짓고 살며
봄날처럼 화사해지고 싶다.
꽃술에 입맞춤하는 이른 아침을
깨우는 햇살의 기침 소리,
눈 부비고 가슴 펴는 꿀벌의 마음으로
오늘을 살아 보렵니다.
울퉁불퉁한 시를 고운 품으로
안아주는 님들의 정성,
무진장 고마워하렵니다.
당신께서 항상 그곳에 계서서
하냥 기쁩니다.
푸르 하늘입니다

2021년 여름

남기원

# 차례

## 제2부 그날들, 사랑이었음을

## 제3부 푸른 별, 숲에 눕다

제4부 새싹 한 닢, 시 한 줄 엮어

| 제1부 |

# 샛별 하나, 옆구리에 끼고

## 괜찮다며 괜찮아진다며

하얀 풍경이 온통 내 것이 되었다
보이는 것들 눈 속에 감추며
숨바꼭질로 술래가 되어
동공 속으로 풍덩, 넘쳐온다

하얀 날개깃 펼치고
애채에게 흰옷 입혀
포근한 입김으로
안개처럼 밀려와 자국을 남기는

순백의 결정체가
무엇이든 포근히 덮어
시 한 줄 공중에 펼쳐
괜찮다며 괜찮아진다며
백설을 뿌린다.

# 어쩌다 한 번쯤

아득한 세월 저 편
몇 겹의 침전된 앙금으로
무거워진 육신을 이끌며
길 잃고 방황하는 영혼

포효하는 용광로 속에서
튕겨 오르는 날카로운
언어의 파편들
어쩌다 번개처럼
일갈一喝하는 그대

암흑 저편에서
살아서도 주검처럼
무거운 영혼 안고
세상 밖으로 털어내는 외침

침묵
깊어가는 침묵

어쩌다 한 번쯤
막힌 숨 사이로 토해내는
낯선 언어들
분화구의 마그마로 솟는
애절한 갈망

# 나그네의 이름표를 달고

숨 막힐 듯 답답해
외롭다는 말도 하지 못 했어
온통 붉혀지는 아픔
빨갛게 익어가며 스며들고 싶다
누구를 사랑해 볼까?
한순간 바람 머무는 곳으로
나그네의 이름표를 달고 떠나고 싶다

지난 이야기를 기억하지 못하는
아쉬움과 미련이 얽혀진 채
가을바람에 흔들리는 갈대
뭉게구름 사이 흩어지는 햇살
들녘 부산한 몸부림
붉은 술잔을 허공에 날린다.

목 놓아 부르는 그대
술보다 독한 눈물 감추고 때론
추억으로 가슴 태우며

순간, 독백처럼 다시 불러도
허공을 배회하는 낯선 그림자

공간 가득한 푸념
제철 잃은 낙엽을 긁어모으면
행간을 못 찾고 헤매는 언어들
가랑잎과 뒤섞여
봄강을 기다리며
겨울잠 잔다

# 맑은 귀

잔물결 살랑살랑
서로 어우르며 흐르고 있더군
강 물결은 피라미를 키우는
넓은 가슴이야

동천강변을 오가는
이런저런 사람들 틈에 끼어
자전거 바퀴처럼 방글거리며
발바닥은 연일 열일을 다하고

꽃술에 이야기를 수놓는 눈망울
가슴속 일렁이는
아지랑이처럼 그네를 태우는
고수부지에 입김을 더하는 연인들

연잎에 미끄럼 타는 이슬
상큼한 바람결 따라 가슴을 더듬는
오롯이 마주보며 영글어가는
맑은 귀는 언제쯤
창을 열 수 있을까

# 간구懇求

코로나가 세상을
혼돈 속으로 엄습掩襲해 왔습니다.
곱던 마음도
함께하는 여럿의 바람도
이겨나가야 하는
쌓았던 삶의 밑바탕이
보이지 않은 바이러스로
지치고 힘들어진 온 하늘 땅
함께 곱게 굳게 다진 길
희미해지지 않도록
인류의 재앙을 물리치고
평화의 깃발은 나부껴질까?
연록의 봄길
은은한 향기 가슴을 스치는
초록 햇살에 푹 젖고픈
너나들이 한 세상이길
갈구渴求하는 기도
하느님!
푸른 하늘입니다.

# 미혹

뒤태를 보여주네.
오솔길 검불 푸석거리며 튀어 올라
하늘로 날아간 그리움 하나
발자국 지우며 멀어지고

둘 곳 없는 한시름 엮어
소슬바람에 기댄 고요함
샛노란 갈잎 긁어모아
길손의 등불로 떠나가는
빛을 안아 희망이 되듯

간밤 사늘한 바람 강물 위
무채색 그림 밤새도록 그려놓고
황새도, 두루미도, 청둥오리도
가까이 못하게 얇은 물결 위로
널따랗게 펼친다

하늘빛 조금씩 가까워지고

길마중 가는 손길마다 멀어지는
삼거리길 그림자가 말문 열어
갈 놈은 가야 한다,
맞바람에 멀어지는 초록빛

# 길어진 발길의 유감

세월 한 자락 움켜쥐고
절벽처럼 깜깜한 뒤란
갈 길 잃은 하양고무신

산뜻한 새날 맞이하려 했는데
바람 빠진 풍선처럼
육신을 감추려는 심사가
마냥 있어온 일인 냥
습관처럼 되돌아서는
산 자의 흐릿해진 눈빛

가신님의 오 분짜리 다큐에
유희처럼 살아온 한 생
애착의 발버둥
반갑지 않은 장수長壽시대
맥없이 늘어진 밑천 없는 장사에
구차한 엑스트라의 살림살이

# 알토, 그 떨림으로

옷깃 여미는 계절의 숨소리
가슴 스미는 리듬
문틈 비집고 온 갈바람

달빛 내려앉은 무대에
검게 위장한 꽃사슴 눈이 맑다
보는 눈, 열린 귀
가슴에 닿아 울리는 리듬

천상의 메아리
낮게 흐느끼는 알토
텅 빈 가슴께로 밀려
감춰 둔 영감靈感을 깨운다.

눈 안에 클로즈업
임흑으로 밀어져간 무대에는
정녕, 무심한 푸념 같은
시어詩語 무더기
달빛에 젖는다.

# 샛별 하나 옆구리에 끼고

칠흑 적요寂寥 한 줄기
툭! 떨군 운석의 편린은
한 줄기 날줄 같이 성긴
샛별과 초승달 정 쌓으며
어둠의 꼭대기를 지킨다

교회당 십자가 불빛
성당의 종소리 숨긴 지 오래
너무 멀어 닿지 못한 기도는
깊은 수렁에서 허우적거리다
새벽잠 깨우는 파수꾼처럼 종알거린다.

머릿속 맴도는 독백으로
마주 보아도 방해가 되지 않는
행과 행을 엮어 시의 울타리 쳐
바람에 덜컹이는 엇박자로
어둠 속 길을 나선 신출내기 시인

〉

작은 북소리 은은히 울리며
샛별 옆구리에 끼고 서산 넘는 초승달
스멀스멀 다가오는 해오름의 그림자
느릿하게 열리는 동녘
시간 여행 준비하는 수레바퀴

# 삼백예순날 하루같이

산 넘어 산 넘어서
어둠 가든히 삼키고
앳되고 고운 얼굴
방긋한 미소로 떠올라

말갛게 씻은 얼굴
더 밝고 따뜻하게 열어
여미는 가슴에 오롯한 사랑
잔잔하게 펼치는 따스한 얼굴

삼백예순다섯 장의
다른 얼굴, 다른 색깔
도미노처럼 늘어서서
가까워지며 하나씩 이야기 만들어
맘껏 채운다

한 줄금 파란 햇살 담아
온갖 좋은 것 다 주는
삼백예순날 하루같이

## 소중하게 꾸려지는 날들

어머니의 아궁이가 익는다
군불로 겨울을 살아가는
식구들의 아랫목에서 맞닿은 살결
고단한 겨울이 녹는다

흑담 딛고 걸음마 하던 시절
불어오던 살풋한 바람 몇 가닥
온몸 휘감고 하늘 오르는 담쟁이넝쿨
이슬에 매달려 시소 타던 날들

누이의 가녀린 손가락이 다가오는
고향길이 더디다
고샅길 옆 만나는 남새밭
따사한 햇살 업고 앉아 있는
누이의 보자기가 걸어온다

햇살에 길어지는 그림자를 재보는
냇가 물길도 바다로 가서

심해에서 상어를 기르고 있을 지
굴뚝에 넘쳐흐르는 불빛 그림자
화롯불에 튀겨 먹는 저녁 한때

# 디딤돌 건너온 바람

엄마 품속인 듯 포근한 아침
디딤돌 건너온 바람 몇 줄기
짙은 안개 속 십자가에 기대어
하늘로 고자질하듯 조용하다

낮은 전망대 기둥 거미집
이슬 달고 바람결에
방울방울 맺힌 키 작은 나뭇잎
풀섶 벤치에 기댄 안개의 옆모습

붉은 석류가 탐스러운
돌 틈 강아지풀 맘대로 이슬 머금고
피마자 뺄마다 열린 맑은 눈망울
세상은 물빛에 젖어
맑은 인연으로 닿는다.

# 이젠 더 큰 평안을

세상에 귀하신 한 분
거기 계시는 구나
나름 잘 계시겠지, 하며
오랜 세월 무심코 보내 놓고

보고 싶다며
다정한 이야기도 하고
가끔씩 겸상에 밥도 먹고
어쩌다 술도 한 잔 하고 싶다며

보내버린 세월이 어언 수십 년
목소리 아끼시고
땅 꺼질까 가볍게 걸으시며
안부 어려워 전화도 멀리 하시더니

봄이 완연한 병실 창에 기대어
파란 하늘 흐르는 구름결에
마음도 보내시는가.

가벼워진 몸도 마음도 어디 가시려는 지
선량한 눈만 끔벅거리시고

더 비우시고
걸어온 길 지우시고
많던 세상 이야기 접어
훌훌 던지시며 혼자서 가는 길
더 넓은 평화 가지소서.

그분은 편히 쉬게 하시고
품에 안아 주실 것입니다.
그분 향한 몸짓 느리게라도
한 번 불러보소서.

# 잔설 아래 봄 입김이

돌돌돌 산비탈 개울물
얼음 끝으로 미끄러져
파란 물방울 마주치는 소리

버들가지의 긴 하품
참나무 묵은 둥치에 기대인
잔설이 산들 바람결에
작아지는 몸 감추려고
서산 그림자를 불러 온다

삭정이 가지 끝에 달린 춘삼월
햇볕의 작은 지문이 잔설을
어루만지며 녹신녹신해진 땅껍질
오선지에 그려질 선율이 생각난 듯
불현 멋진 노래

시나브로 오는 봄
무례하게 다가오는 보드란 입김

무거운 겨울 밀치고
몸뚱이 주무르는 햇살
그대 흰 손 잡는 날

# 저 산처럼 살자 했는데

꽃피워 산새 불러 노래하고
봄 햇살 눈부신 진달래숲에서
아지랑이 눈부셔
떠나는 님 뒤태 보자 했다.

저 산처럼 푸르게 반짝이며
철없는 아이처럼 어우러져
장구 치고 꽹과리 치고
저 산에서 살자던 살터

산을 허문다?
서러움을 제치고 앞서는 개발
불도저가 능선을 뒤집으며
붉은 흙 뽑히고, 밀리고, 뭉개진 땅

저 산처럼 살자, 기도했는데
부드러운 황토 흙이 살터 떠나고
무너트린 산자락은 붉은 노을 속으로
구슬픈 눈망울만 그렁그렁
눈물 서린다.

# 방향을 잃은 나침반

남남서인가 북북동인가
방향을 잃은 나침반에 얼굴을 비춰보자
벌겋게 타오르는 눈길 가장자리에
영혼과 육신의 놀이가 시작된다
순간을 간음하면서도 히죽대는
펑펑 쥐어박아도 화낼 줄 몰라
밤은 이슥한데
끊기지 않은 동맥의 연이음이 간지럽다
짙어라! 향기 없어도 짙어라!
길게 빠져나간 연기가
침실에 한 가닥씩 쌓인다
육신은 가느다란 줄에 묶여 채찍을 받는다
한순간 흐르다 멈춘 장막을 헤치고
철띠를 두른 요강이 깊은 잠을 자고
외마디 비명도 없이 사라진
방향을 잃은 촉수

# 철새 따라 뼛속을 비우고

공중을 나는 철새 따라
뼛속 비우고
가끔은 하늘길 간다

멀리 하늘나라에서
아직 땅 밟아보지 않은
꽃들이랑 풀잎이랑
행복한 이야기끈 이끌고
고운 흙으로 내려와
선물을 준다

멀어질수록 평화로울
지상의 모든 축복에
전해주고 싶은 말
조금만 물러서면 천국인 것을
티끌 세상에 이끌려
그때 보지 못했던 인연들
흔연히 보낸다

하늘길 올라갈 때
엉킨 실타래 같은
인연의 끄나풀 다 벗어두고
순수 마음만
갖고 가야할 일

# 잔설殘雪

절간 처마에 매달려
실로폰 두드리는 소리
산기슭 거칠어가는 숨소리

주룩주룩 눈물 흘리는
산사의 마지막 선물인 듯
제 몸 낙숫물로 보시하여
저만치 오는 봄을 느끼면

잔설 안고 있는
소나무 등걸에 기대어
절집 대웅전 주인에게
무념무상 비법 듣고 싶은
한낮 눈 감고 합장하다

| 제2부 |

# 그 날들 사랑이었음을

# 그날들, 사랑이었음을

동녘하늘 나뭇잎 틈새로 얼굴 내민다
꽉 찬 잎들 서로 갈 길 아는 듯
거침없이 바람이 스쳐가고
팔레트 색깔 조합하는 햇살

가을빛으로 다가와
화선지에 붉은 똘감 그려놓고
감나무 가지에 앉은 까마귀 한 쌍
유년시절이 달려와
갈래머리 소녀를 만난다

가을로 떠났던 시절
그리움으로 볏단 쌓듯
하나둘 솟아나는 유년들이 온다
마당의 병아리들 아장아장
마굿간의 송아지 울음소리
친구로 놀던 강아지들

그날들, 사랑이었음을…

# 갈바람에 제 몸 숨기고

산허리 맴도는 갈바람
푸르던 이파리 햇살 어우러져
살랑살랑 춤사위 시작했네

바람에 밀려가다
수북이 쌓인 갈잎 무더기
속살 헤집는 실바람 불러
가을 노래 부르려네

떡갈나무 이파리 말라가는
골짜기 맴돌다가
팔부 능선 고갯길에서
삼원색 뒤섞어 흩뿌리는 손끝에
딱딱해지는 호두 알갱이

길섶 빈자리 서성이는
엷은 미소 갈바람 따라
파란 하늘로 아쉬운 눈빛 보내며

도토리 안은 다람쥐
길을 여는 깊어가는 마음자리
겨울 문 앞

# 빛으로 오는 날에는

육신 사르는 초조해진 가슴들
가까운 이들 만나고
반가운 얼굴들도 마주해야 하는데

흙탕물에 패대기치는 악동 같은
코로나 바이러스가
가까운 발길 끊고
간지러운 손길도 거두라 하고
홀로 버려지듯 나뒹구는 이파리 같아

싸늘한 북녘바람은 불어
옷깃 여미며 움츠리게 해도
마음속 감추고 있는 이야기들
간질거리는 손이 닿아야할 거기에
기다리는 평화의 날
천지창조처럼 터지는 혼불

기다림의 초조한 순간들

더욱 진솔하게 가슴 깊이
이글이글 타오를 불꽃 되어
찬란히 솟구칠 환희의 함성
그 날처럼 유성으로 오리라!

# 삶의 빈 칸을 보며

갈대밭 이랑에 숨어 살던 칠게
들물 밀려오는 노래에
엉거주춤 춤추며 흥이 났네요

구름이 검은 몸뚱이 싣고
가뭇없이 낮아지는 생각 사이로
번갯불처럼 스쳐가는 환영 하나
빛을 나누며 반쪽만 굴절되는
형상이 피카소의 자화상을 그린다

산발머리 맞대고 울먹이는 갈대
숨겨둔 가을 시 한 편 읊조리며
털어내 헐거워지는 삶의 빈 칸
들숨 날숨으로 부르던 노래가
못내 그리움의 연가 되어

바람결로 흩어지는 갈대꽃
스쳐가는 이야기들 애달파

하냥 고개 저으며 흩뿌려
속으로 삼키는 가을
갈바람 분다

# 화백畵伯의 손끝으로 가을은 오고

높푸른 하늘 타고 내려온 가을이
노란 갈색의 붉은 낙엽들을
수북이 쌓아 두고
건너 산골짜기로 꼬리를 감춘다.

물 먹은 화선지 위에
노란색이랑
파란색이랑
빨간색 물감을 떨어트리면

바람결에 휘돌다
화선지 위에 회오리처럼
번지며, 겹치며, 실핏줄처럼 뻗치는
야단스런 춤사위를 보는 듯

망막에 맺혀진 온갖 풍경들이
화백의 손등을 타고 내려앉아
손끝에서 노닐며

홍건히 전해오는 가을 숲의 전율戰慄

개옻나무 검붉은 속살에
가을빛은 첫 세상이듯 휘감더니
흔적을 거머쥐고
파란 하늘로 사라져 가고

잎새들의 소란스러움에
정신이 언뜻언뜻 혼미해져
손끝을 타고 흐르는 노란, 빨간, 갈색을
하늘로 털어내는 화백

# 수국 향기 머무르네

꽃숭어리 부풀어
가슴 차오르는 그리움
애잔한 소녀의 깊은 눈길
한 움큼씩 터지는 보라 꽃숭어리

햇살 사이 소슬바람 불어와
봇짐 챙기는 나그네
마른 줄기에 매달린 수국
보랏빛 꽃숭어리 산화하듯 보내고
바삭바삭 가쁜 날숨 거칠다

산란하는 햇살 너머
파리한 이파리 보듬으면
애틋한 보랏빛 그리움
갈바람 몇 가닥 아스라이
가슴속 수놓은 고향집 같은
철 지난 이야기 써야 하네

가슴 벅차게 지켜온
넉넉한 여름 한 철
몸의 무게보다 더 큰
짐을 내려놓을 시간

# 디스카운트

이순耳順 고갯마루에서
어우러진 어릴 적 동무들
국화 무더기 닮았네.

해남 땅끝 가는 버스
남진이가 '둥지'를
멋들어지게 흔들고

소주가 한 순배 돌면
보물찾기 어제인 듯 옛이야기
개옻나무 붉게 타는 입술에
아릿한 미소 품어내는 동행

여기 대흥사 대웅전에
묵언정진默言精進 하시는 부처님께
'앞으로 삼십년 만
이대로 홍얼대게 해주소서'
합장해 보면

오 년 정도는 디스카운트하시겠지

나름 바램이라 소원하며
슬그머니
두 손 모은다

# 바스락, 가을숲

철마다 찾아오는 손님이건만
그 시절,
오솔길 함께 걸을 때 보았던
그 때깔은 아니었어요.

가을 단풍길
잎새에 이는
바람의 진한 입맞춤
사랑을 걷어 올린 울림

또 한 번의 설렘을 기다리며
노란 은행잎이 물들면
천 리, 마음 아득하여
홀로 떨며 깊어가는
가을숲을 기다립니다.

향기로 바람이 다가오며
가슴 불씨 살려
불태우는 입맞춤
바스락, 깊어가는 가을숲

# 인연

싱그런 풀잎 이슬 구른다
맑은 토란잎 물장구
햇살에 뒷걸음질하는 그림자
빈 수레 너덜대며 길 떠나

숭어리 맺힌 인연
저 혼자 온 산을 휘감아
허공에 홀로 그네 타며
육신을 이끄는 영혼

홀로 가는 길
이제야 고물거리는 실핏줄
많은 세월 앙금처럼 멍든 가슴
쓸어져 내리는 애잔함

한 점 뭉게구름 스러지듯
님거저 허공 스치는
바람 몇 가닥에 실려
가시는 길에
꽃바람 분다

# 좋아하는 가을 시

갈잎 수북한 오솔길
혈색을 잃어가는 풀잎
키 작은 명감나무 가시 발길 잡아
때 맞춰 다가온 가을 하늘

너럭바위 새겨진 그리운 이야기
뭉게구름 흘러가는 하늘 따라
보고픈 마음 변검술 하듯
그리움 차오르는 농밀한 계절

가을 시 한 편 읊조린다
'주여, 때가 왔습니다.
지난여름은 참으로 위대했습니다
당신의 그림자를 해시계 위에 얹으시고
들녘엔 바람을 풀어 놓아 주소서'*

국화 꽃망울 깨어나 향기로운
가을 전하는 기러기 날개소리

십자가에 매달린 그분
기다리는 계절

*릴케의 '가을 시'에서 인용.

# 좌판을 펼치고

텅 빈 마음 쓸쓸해
사람들에게 어서 오라 손짓해도
모르는 척 무심코 지나
축복 주고 평화를 줄 터인데
구원은 희미한 구름조각으로 날아간다

별똥별 하나 번개처럼 성호를 긋고
사라지는 찰나를 방관하면서
좌판 펼쳐 놓고
'오라! 여기에 너희 안식이 있노라'
자리가 차야 길 떠나지
어둠 가득 내려앉아도
애써 펼친 좌판 거둘 수 없어

잎들 보낸 우듬지 위로 비둘기 한 쌍이
주기도문을 종알거리며 날아가고
지나는 군상들 복잡한 큰 머리통
걸쳐 매고 제 멋에 춤추며

콘크리트 벽을 뚫고 질주한다.

오늘도 덫에 걸린 물주 건지지 못해
사랑 주고 싶은 이들이 없어
식탁에 쓸쓸히 기도하는 저녁
성급한 몇 개 별, 위로하듯
화롯불 지핀다.

# 창 넓은 찻집에서

개펄
날물이 갯물 길 열어
길어질 이야기 만드는
멀리 잔물결 반짝이는 햇살

창 넓은 찻집에서
아득히 보이는 섬들이 애련타
햇볕도 몸을 태우다 지쳐
먼 바다에 얹힌 희뿌연 섬 그림자
한낮 졸고 있는 작은 배

내 눈은 그늘에 가려져
잿빛에 가까운 멍텅구리 시야가
아메리카노 한 잔에
망막을 조율해 봐야 할 거네
개펄이 키우는 고물대는 생명
창 너머로 그리는 나이테

## 수묵빛 산그늘

물레는 생각을 감는다.
오동도 붉은 동백
어서 오라 손짓할 때
진한 색깔 흡혈하는
엉겅퀴꽃 가시에 찔려
꿈틀거리는 실핏줄의 전율

방울소리 귓가에 출렁거리고
수묵빛 오솔길 감싼 산그늘
낮달이 제 집으로 가려는지
서산 그늘은 땅으로 내려와
살포시 다가오는 붉은 노을

스쳐오는 바람이 가만가만
빈 손가락 사이,
갈비뼈 사이를 어루만지며
가시를 안고 핀 엉겅퀴 향
바람으로 마을을 건넌다

# 천년학을 부르다

가을비는 운다
낙숫물 떨어지는 울림
계절이 익어가는 숨소리
너와 나의 안부는
갯바람 속에서 운다

나그네의 발걸음
사각거리는 갈대를 따라
한갓진 주막을 찾는다
육자배기 쉰 목소리에서
천년학이 하늘로 간다

개펄에 쌓인 사연들
수묵 한 획으로 하늘로 뿌려
아슴아슴 길어진 사연
눈꼬리에 맺힌 이슬방울로
바다로 멀어진 이야기를 만든다.

〉

깊은 밤
그음달이 조각배에 내려와
밀려나는 썰물에
한 무리 천년학을 띄운다

# 트로트에 빠진 십장생

동천 갈대숲 작은 물새가
물그림자에 앉아
자잘한 물결 파형을 물끄러미
바라봅니다

파란 하늘 아스라이 멀어져
희부옇게 가을산으로 내려와
사람들 틈으로 사라지고
꼬리 감춘 시마詩魔는
소소리바람 속으로 잦아져
이파리 하나 휘추리 끝 그네를 탑니다.

십장생 수놓던
아낙은 트로트 노랫가락에 빠져
붉어진 가을바람 스며들어
치맛자락 펄럭이는 부푼 가슴
티브이 앞 벙글벙글 더워져
문득, 시간이 그네를 탑니다

# 침묵보다 깊은

어둠 감추려는 듯
온 세상을 하얗게 덮어
새벽, 밝히는 발자국 소리
여리게 걷는다

속눈썹에 내려앉아
사르르 흐르는 하얀 마음
어둠 뚫고 유성처럼 일갈하며
흔적 감춘 침묵보다 깊은 빙벽

삶의 한켠에서 흐르는 고요
풀리지 않은 수수께끼
가끔씩은 스스로 지워지기도 하고
가끔씩은 스스로 버리기도 해

바람처럼 잡히지 않은 허망이라도
그님 향해 가득 채워질
하늘에서 내린 축복 한 소쿠리
마음 터에서 쏟아내는 기도

## 허풍쟁이

빠르게 흩어지는 시간
몇 번이고 간절히 원해도
근접치 않는 시답잖은 푸념
하늘도 마냥 잿빛이야
도망갈 길이 안 보여
허망 같기도 하고
절망 같기도 해
탓해봐야 입만 아파
눈도 내리지 않고
얼음도 얼지 않고
산뜻한 촉각의 전율을 기대하면
다가오지 않는 푸념 같은 것
잠시는 그렇게
허풍쟁이마냥
허수아비마냥
실속 잃은 껍데기 마냥
잠시는 그렇게
헛다리를 집듯

남의 다리를 긁듯 살아도
잿빛하늘 보고 맹탕 헛웃음이나
헤살거리지 뭐!

# 홀연히 떠나는 초록바람

비 앞세워 염탐하는 지
주룩주룩 장단 맞추는 실로폰
푸른 물 뚝뚝 떨어지는
살터에서 꿈속인 듯 허공에 기대어
세월 더듬는 손

바람의 서늘해진 체온 만지며
탈바꿈 시작한 떨리는 이파리
소곤거리는 몸놀림 눈치 챈
그가 오고 있음을

거울 앞에선 국화 향기
만데빌라 꽃잎 푸석해져
올 놓은 기어코
헐떡거리며 다가오고

앙증스런 포즈로
안녕을 소곤대며 가려는 지

손끝 전해지는 사느란 감촉
홀연히 떠나는 초록바람
손가락 사이 남아

# 가을빛은 한 뼘씩 다가오고

가을비 가지런히
퍽이나 가까워 다정스럽다
슬며시 듣는 귀 열고
조리개 풀어 먼 길 찾아 온
시냇물에 갈잎 띄워 여름을 밀치고

누군가를 생각해 내는 시간
좋았던 시절을 각색脚色하여
싸목싸목 열리는 계절
뽐내도 좋을 이야기 하나
잔잔히 여미는 함초롬한 미소

소시락거리며 다가오는
첼로의 낮은 떨림으로
여름의 지친 어깨를 다독이며
가을빛은 한 뼘씩 시나브로
사랑방 손님 되어
겸연쩍은 얼굴을 보여준다.

| 제3부 |

# 푸른 별, 숲에 눕다

## 그대는 한 발자국도

파도에 밀려오는 그리움
속으로만 삼키던 날
책갈피에 차곡차곡 쌓여
가을 속을 유영하는
그대는 한 발자국도
멀어지지 않네.

발걸음마다 쌓이기만 하고
노란 은행잎 마중하는 햇살
고샅길 모퉁이로 몸을 감추는
귀뚜라미는 고즈넉한 가을을 노래하네

한밤을 맴도는 허기진 욕망
그리워진 마음자락에 촛불 밝히며
나직이 파고드는 그대
애잔한 그리움 한 조각
달그림자 가슴속에 눕는다

# 민들레 홀씨 되어

사월 어느 하룻날
노란꽃잎 활짝 펼친
청초한 길섶 민들레

콘크리트 담장 틈새
아스팔트 도로 틈새
공사장 자갈밭에서도

뜨거운 햇볕
짓밟혀 허리가 동강나도
실뿌리 하나로 불꽃 피워
삼일이면 새잎 달고 배시시 웃는

사랑의 세레나데
가까이, 문틈 사이
들리지 않아도
예쁘게 꽃 피어 보겠다고
가녀하게 고개 내민 민들레

〉

침묵의 겨울을 지나
햇살 가까워지면
길모퉁이 새초롬한
노란 미소를 보리라.

# 피라미의 봄

햇살 내려와 봄에 닿으면
물끼리 몸을 섞는 소리
가슴끼리 부딪치는 소리

피라미 떼의 꼬리 젓는 소리
피라미의 비늘 스치며
수풀을 헤치는 소리
물이 파형을 그리며 흐르는 소리

겨우내 익혀둔 물내음에 취해
바쁘게 유영하는 물살 사이로
봄햇살 훔치듯 빼앗는
팔딱거리는 작고 부산한 생명들
햇살이 키워온 은빛 작은 조각들
뒤엉키듯 키를 재보는 듯 이제 막
세상에 나온 피라미 새끼들

물살을 오르며 숨찬

옹기종기 모여 재잘거리고
하늘거리는 수양버들은
귀를 아래로 내려
수풀 속 평화를 탐하는
봄의 여울

# 설거지를 마친 하늘

진새벽 구름 사이
숨겨둔 별들이랑
달무리에 잠든 조각달 보여주며
동 터오는 해맑은 파란빛
창문마다 안겨주겠네.

비에 젖은 꽃숭어리
퍼붓는 빗줄기에
졸리는 듯 고개 떨친
여름날 한 시름

까맣게 쌓인 하늘
어둠을 밀어내기 시작한
온통 파란 하늘을 보여주려
부산히 앞서는
구름 따라 여여히 나도 가고

맑아질 하늘

설거지를 마친 하늘은
경쾌한 연주를 해줄 듯
자꾸만 쫓겨가는 구름 덩어리
밝은 윤슬 쏟아질 이야기 모아
햇살을 따라 가고

## '사랑한다' 는 말

외로운 지구 한 켠에
그대에게 해 주고 싶은
'사랑한다'는 말
바위 틈 풀잎에게 전했네

지나가는 사람들
숨 고르는 사람
외로운 풀잎은
'사랑해야 한다. 모두를…'
덧붙여 나직이 속삭였네.

다붓한 가슴께로 흐르는
다사로운 눈빛 나누는
나도 몰래, 사랑꾼이 되어
벌들이 부지런한 꽃술 위에
당양한 아침 햇살 나눌 때

연록 나뭇잎 사이 흐르는

아침의 고요
엉킨 사람들 실타래 풀며
하늘로 유영하는
숲길에서
다정한 말 한마디

## 어제인 듯 맞잡은 손

긴 삶의 터널 지나
잘 익은 늙은 호박
어제인 듯 맞잡은 손
세월 잊은 어릴 적 동무는
오늘 환하다

눈까풀 처지고
이마엔 갈매기 계급장 붙이고
이 놈 세월 따라 나이는
공空으로 많이도 먹었구나

주렁주렁 살아온 역사가 곱다
모질게 이룬 자리 물러서며
뒷걸음질로 가야 하는 길이
바로 등 뒤에 있다

유년의 동무들
함박웃음 터뜨리며

허연 털모자 깊은 주름에 기대어
백세시대 억지 끼워 맞추는
늘어진 삶의 수레바퀴

# 꽃향기 날리고

꽃이다,
꽃이야!

상크름한 아이들
예쁜 옷 차려 입고
빙그르르
꽃가지를 들었다 놨다,
하늘을 품은 듯
아이의 치마폭이
구름처럼 펼쳐져
때구루루

어여쁜 꽃 사이
엄마의 내음에 폴짝대는
아이의 앙증스런 몸놀림

파아란 하늘
연록 꽃밭에는

빵긋한 미소
아이를 닮고
하늘을 닮고

## 자화상을 그리다

삶의 갈피에 숨겨진 빗장
널브러진 생각들 둥근 햇볕에 말린다
따뜻한 눈빛으로 다가와
찔레꽃 향기로 일어서는 자화상이
하얀 기둥에서 그네를 탄다.

타로카드 운수 좋은 날
눈부신 황금빛 타이 왕궁
뾰쪽 솟은 첨탑에 매달려
공중회전을 하는 깃발이
주머니 속 묘약을 나눠 마신다

공사판 길바닥처럼 거칠어도
둘이서 걸으면 정이 움튼다
고수부지 벤치에 바람이 오면
지친 발길 잠시 안식을 찾는 나비
머리 위에 춤을 춘다

〉

변해 가는 자화상
그래야 함께 굴러 간다고
말똥구리 쇠똥 굴리듯
도처에 할 수 있는 일들 너절해
손 내밀면 닿아
사람의 끈 잇는 거야

# 푸른 별, 숲에 눕다

반짝이는 별
땅 위 슬픔 모두
어둠 타고 하늘로 올라가
별들 눈에 눈물 고여 푸른 숲
마주 보며 반짝인다.

별을 따라 산에 오른다
푸른 숲 기대인 밤하늘
금방 눈물 흘릴 듯
깜박이는 별의 눈이 서러워
은하수 길 우르르 다가온다.

헐거운 생의 빈 칸을 메우려
날빛으로 유영하는 물그림자
리듬 태우는 한밤 여운
속눈썹에 어리는 그리움
별 따라 가면
은하 속 깊어진다.

# 하루 벽은 허물다

어둠 감추려는 듯
세상 하얗게 덮어
새벽 여는 발자국
가슴에 닿을 때

속눈썹에 내려앉아
사르르 흐르는 하얀 안개꽃 아름
어둠 뚫고 유성처럼 일갈하며
흔적을 감춘 침묵보다 깊은 빙벽

삶의 한 켠 적막처럼 흐르는 고요
풀리지 않은 수수께끼처럼
가끔씩은 스스로 지워지기도 하고
가끔씩은 스스로 달아나는

잡히지 않은 허망한 바람이라도
하늘에서 내린 축복 한 소쿠리
마음터에 쏟아내는
속량되는 가슴 쓸어내린다

# 한 살이 사는 동안

스산한 몇 줄기 갈바람
멀어지는 햇살의 숨소리에
하늘빛은 구름 뒤에서
이슬로 목욕을 했는지
청량한 공기처럼 떠돌고

느티나무 마른 잎에 깔린 개미가
어두워진 눈 깜박거리며
햇살 지나간 자국 더듬다가
때때로 길은 지워지기도 하고
모습을 바꾸기도 한다.

살아가는 이야기가 있는
햇살과 바람과 이파리들 사이에
낯선 언어 만들며 달라져 가는
시냇물은 갈댓잎 뒤섞으며
흘러가다 만날 낯선 어휘들

〉

발가벗겨진 나목들 마주 서서
가려졌던 속살 보여주며
햇살이랑 바람 불러
꼬인 말들 멋진 문장으로
한 편 시 되새김한다

살아가는 이유를 물을 때
살아가는 이유가 된다

# 비스듬 세상

세상은 기대어 살아갑니다.
비스듬히 하늘 향해 가슴 키우며
마른 하늘로 가슴 넓히는 가오리연

비는 서로 기대어
키를 재며 빗금으로 내리고
풀잎도 다정한 햇살에 매달려
따뜻함 받아 한 뼘 키 큽니다.

비스듬히 기대인 사람들
깊어갈수록 따스해지는
하늘 아래 소담스런 살터에서
도란도란 꽃을 피웁니다.

언덕배기 솟아오른 청잣빛 하늘
촘촘한 소란스런 초록 물결
밝은 햇살 나직이 품에 안고
푸른 언덕 솔바람 소리

# 한 생을 시詩로 살고

천지간의 푸르름
햇살 눈부신 산마루에
파란하늘 어깨에 걸치고 산허리 넘는
가을빛 얼싸 안고

문득 물빛 흩뿌리는
산마루에 우뚝 선 소나무
한 번의 삶으로 백 년을 가고
한 번 잎 피워 계절마다 의미를 담는다

그대 이름을 부르면 친구가 되고
그대 이름을 그리면 그늘이 되고
그대 푸르름은 희망이 되어

푸른 잎은 제 이름을 부르며
한 평생을 시詩로 살고파
슬그머니 지기도 하고
몽실몽실 피기도 한다.

# 혼돈 속 혼자 가는 길

코로나 2.5단계
파란 하늘에 자물통 채우고
숨통 조여 오는 혓바닥 사이로
맹탕 같은 헛소리 지껄여도
목구멍 속에서 휘말리는 회오리 되어
질탕거리며 발버둥치는 살풀이 같아

배고픈 참새 몇 마리 전깃줄에 기대어
맹맹하게 짖는 똥개를 곁눈질하다
흔적 지우듯 공중으로 사라지고
골목길 배회하다 은자隱者 만나
팔마비 탑돌이 간절한 발걸음에
깊어가는 밤 너덜거리며 돌아온 길
메마른 풍금 소리 어둠 속으로 흐르고

저 혼자 티브이는 떠들다 졸고
잠 깨어나 한마디 입도 벙긋 않은
묵언 정진에 빠진 한밤 적막 같은

몸놀림 고물고물 되새김질
사각거리는 오솔길 걸어 봐도
짙어가는 가을밤 무료하기만 해

세상은 혼자라는 거
결국은 저승길도 혼자 가는 거라고
연습은 필요치 않는 거라고
끝은 아무도 몰래 찾아오는 것이라는
전야제 같은 긴장
이 밤 어둠의 끝에 걸려
지렁이처럼 무늬를 그리며 기어서
홀로 가는 연습

# 이런 게 인생이었던가

어느 날부터인가
한켠으로 스치던 소슬바람
이른 가을인가 했는데

겉돌 듯 가늘어진 눈꼬리에
다정스러움 간간히 빼먹으며
오가는 말이 짧아지고 투박해져

너나 나나 타인처럼
있어도 없어도 아쉽지 않은
따로국밥을 말아 먹었어

길 가며 먼 산 향한
다정스러움이 지난 일이었어도
그런대로 잘 쌓아올린 인생사라고
은근히 좋아했는데

홀로 아리랑이었나.

〉

이런 게 인생이던가?

몰랐네,

몰랐었네.

# 존재의 이유

운동장 한 켠, 벤치에 앉아
흰머리 수를 셀 수 없어
너덜너덜해진 시간의 초침을 헤다
허공으로 눈길을 주면
헤진 옷 깁은 잔디밭에 주저앉아
유년의 그늘을 줍고

아랫 장터에서 찾는 보물
예리한 눈초리들 엇갈리며
분주한 망아지 떼 몰고
종일 햇살 속에서도
생각이 자라지 않아

아직은 입춘, 풀내음은
찬바람에 흙냄새로 희석된 채
봄햇살은 내일 온다 하여
고갯길마루 멀리 있네
〉

산 능선을 오르다 미끄러져
골짜기로 되돌려지는
팔부 능선 바위틈에 숨은 봄처녀와
잔설을 입김으로 품어내면
어떤 존재의 이유
덧붙여질까?

## 그러리라, 했다

쓰레기통에서 헐떡거리는 춘란을 만난 날
어둠을 뒤집어쓰고 허방에 빠져 허우적거리는
못생긴 한 마리 짐승 되어 번갯불에 비친
처연한 몰골로 흐트러진 자화상은 낯설지 않다

삶의 한 귀퉁이에서
뭉그적거리며 비루鄙陋하게
살아 차오르는 부패腐敗한 오물더미가
강으로 쓸려 먹물처럼 번져가도
봄은 꼬무락거리며 연록 새싹을 피워볼 일이다

숨겨 왔던 이야기랑
감춰둔 짓거리들이랑
예쁘지 못했던 편린片鱗들일지라도
세상 어디쯤 다시 만나
곁눈질 훌치며 스쳐가는 차창처럼
옆길로 쏜살같이 달려가
처마 끝 움켜잡고 가늠해 보고 싶다

가던 길 되돌아 공중으로 흩어지든지
'이 길에 안식이 있고 평화가 있다'
왔던 길 지우고 머물던 곳 지운, 흔적들
갈 길마저 또 지우면 껍데기마저 닳아

그러리라, 했다

# 영산강 나루터

산발한 갈대꽃이
강물 따라 서성거리다
시퍼런 강물로 뛰어들어
야무진 물결에 몸을 섞는다.

갈잎 바람결 따라온
잘 삭은 홍어 한 점
갈대 속살 섞어 시큼 달콤한
초장에 버물려 딱 좋은
할미의 손맛 나는 얼큰한 동동주 한 잔

영산강 나루터 낡은 목선
작은 수제 인형으로
개량 한복 반달눈으로 말하는
새색시 찌그러진 동동주 주전자
품속에 따뜻이 뎁혀
전해오는 따스한 손길

| 제4부 |

# 새싹 한 닢, 시 한 줄 엮어

# 꽃망울에 숨긴 이야기

그리워 붉어진 속만 태우다
하늘처럼 커져가는
옹골진 사랑
그때는 몰랐었네.

고갯마루 자드락길
부산스런 풀숲에서
소담한 향기 나누며
예쁜 모습 아우르는

꽃가루 바람결 춤추는
노랑나비의 고백
가슴 조이는 진한 향기
두둥실 얼싸안는 천사
눈가에 이슬 비친다

# 길섶 민들레

홀씨 되어 날개 달고
살터 찾아 저공비행으로
풀숲에 내려앉아 한 살이
고운 삶 보여주려 했지.

문득, 흐릿해진 하늘
돌개바람 불어 곤두박질
아스팔트 뒤틀린 틈바구니에
버려지듯 살터를 안겨주네.

옹색한 것도 절대자의 축복인가
여기서 구차하게 뿌리 내리고
잎 틔우고 꽃잎 열어
마주친 이들에게 무엇을 주라 하는가?

좁다란 골목 바쁜 발걸음들
어렵게 뿌리 내리고
노란 꽃잎 가지런히 피워

꽃잎 이야기 나누기를

다시 일어난
햇살 향해
눈망울 환한
민들레 하루처럼

# 나 진즉 왔거든요

분수처럼 햇살 흩어지는 한낮
상사호 잔물결 살랑대는 봄바람
소나무 아래 돗자리 깔고 누워
귓불 스쳐가는 바람
사람의 향기 납니다.

얇은 손 흙을 뒤엎으며
콧등으로 힘을 쓰기 시작합니다.
연록의 파리한 하늘
처음 보는 눈이 맑게
빛을 보냅니다.

솔가리 사이 작은 풀들
소곤대는 이야기
살며시 귀 기울이면
'나 진즉 왔거든요'

솔방울 몸을 날려

마른 수풀 속으로 몸을 숨기네요.

솔방울 속 씨앗의 숨소리가

수런거리며 집 떠날 채비 하면

연인의 숨결처럼 정다운 바람이 옵니다

# 마음길 따라

때론 뼈 속 비우고
공중을 나는 새를 따라
천 리 먼
하늘길 가고 싶다

천상에서 피어나
아직 지상에 내려오지 못한
꽃들이랑 풀포기들
한 아름 가득
고운 땅으로 데려와
선물로 주고 싶다

한 걸음 물러서면
천국인 것을, 말하는
조금만 뒤돌아보면
모두가 성자인 것을, 말하는

두드려서 열릴 하늘문

끝이 아니기를
살아있는 날들
희망으로 가슴 떠밀어
더덩실,
수묵의 새 떼들
하늘 깊숙이 스민다.

# 멋진 봄노래 한 편의 시를 순산하란다

가벼운 바람결에 나풀거리며
멀어지는 햇살의 숨소리
구름 뒤에서 하늘빛은
이슬로 목욕하고
맑은 공기로 떠돌아

느티나무 마른 잎 사이
개미가 더듬이로 길을 찾아
햇살 지나간 자국 더듬어
때때로 길은 지워지기도 하고
새 길이 난다

바람과 이파리 사이에
낯선 어휘 만지며 시를 꾸리는
시냇물이 갈댓잎 뒤섞으며
너럭바위에서 몸을 말린다

발가벗은 채 마주보는 나목들

엉킨 말들이 햇살에 마르는
멋진 봄노래
한 편의 시를 낳는다

# 옛날에는

까마득한 날
그밤 별도 함께 울었다

절절히 애처로운 마음 움켜쥐고
떠나보냈던 그 사람
남겨두고 랭랭한 바람으로
어둠 속으로 산화하던
혼잣말처럼 속으로 삼킨
뜨거운 쇳물 같은
죽음처럼 차가운
기류가 전신을 휘감아
드디어는 응고되어버린 느낌들

세상은 예정되지 않는
번개처럼 뚫고 가는
아픔도 못 느낄 찰나 같은
한 번도 꺼내보지 않은 비밀스런
얼굴을 감추고 뒷걸음질로 사라져버린

어처구니없는 순간 소용되지 않은
돌연변이 방패연의 실타래
세월이 많이도 지났어도
홀로라서 울고 싶은
홀로라서 불러 보고픈
혼백이라도 소환하여 허공에서
방긋이 웃게 하고 싶어

주름진 가슴팍에 기대어 어제처럼
이제야 만져 보고픈 속살이
푸석거리며 한 줌씩 떨어져도
각인된 옛날은 그대로
알싸한 지금인 걸…

# 산수유, 봄길을 열다

봄바람 볼 스치면
어느새 길 여는 초록
마음밭 가꾸는 농부
아침이슬 맞으며 봄마중 간다.

꽃향기 나눠주며
너럭바위 노란 알갱이들
좁다란 물길에 스며들어
햇살 머물러 따스해진 품속

하얗게 채워진 자리에
산수유 꽃잎에 노니는
노랑나비로
하루를 살아도 좋을 듯

마당바위에 앉아,
깊은 눈길로 나누는
따스한 사랑
산수유 봄길 걷는다

## 봄처녀 오는 길

봄처녀 옷깃 여미면
밭두렁 봄나물 취하여
산기슭 맴도는 산들바람
품속 파고드는 물빛 마음자리
아직 말을 만들지 않은 숲
샛맑은 하늘빛에 소담소담
숨겨놓은 이야기 꺼내 놓으며
산허리 돌아 봄맞이 푸른 길
열린 하늘 사이로 봄처녀 내려와
유난히 가까운 하늘빛
살랑살랑 눈길 나누며
소곤대는 연록 숲
봄바람 은은한 나뭇잎들
꽃단장을 시작한다

# 그대, 보고픈 날에는

그대가 보고픈 날에는
아침 이슬보다 더 맑게
미소 띤 얼굴을 그립니다.

따스한 눈빛 마주한 하늘가
나직한 산마루에서 찔레꽃 건네던
뜨거운 가슴
흔연히 열린 마음자리로
하얀 꽃 부서지며 번져갑니다

그대가 보고픈 날에는
높다란 연줄 실타래
쏟아져 내린 가슴 따스한 파랑波浪
하늘에서 곱게 내린 선율 타고
알천 같은 이름을 부릅니다

푸른빛으로 감싸 안는
그리움 훔친 가을노래가

하늘보다 더 큰 사랑꾼 되어
한사코 옹달샘으로
솟아오릅니다.

# 방황하는 바람 한 가닥

주판을 튕기며
나뭇잎을 세는 봄바람

이팝꽃 눈 내려
강아지 정수리에 얹혀져
꼬리 물기 하듯 호들갑스럽게
흩뿌리는 어슬녘 속으로 보내고

파아란 하늘 틈으로 내민 손길
말, 말들이 쏟아져서 무너져 내리면
먹어야 산다며 열심히
언어를 만들어 배를 불리는 자들은
그래도 계절을 지키는
사냥개의 친구다

달랑거리는 배고픈 걸망이
길 잃은 바람 한 가닥으로 휘돌다
모진 세월 고랑마다 고인 물 한 줌

눈물 심어 놓고
떠나는 마른 들녘

우련한 시절 너털거리는
달구지 버린 늙은 소가
마른 풀잎을 되새김질 한다

# 붉은 노을

징검다리 건너
주막집 가는 들녘길
어깨 걸친
컬컬한 사내들

서산에 걸린 낮달이
고즈넉한 노을 사이
붉게 타는 동동주 한 잔에
함박웃음 깔린 주막
주인장 아낙의 구슬픈
육자배기가 춤춘다

갈대꽃이 앞장서며
부서지는 마른 강물 따라
옛이야기 넘실대는 입술 사이로
그렁저렁한 세월 보내놓고

갈바람에 흐느적거리며

쌓았다 덜어내는

가벼워진 호리병은

붉은 노을을 넘어가자,

재촉하고

# 먹통

눈알을 빙글빙글 돌린다.
흰자위에 노란 니코틴을 발라라
반쪽 손마디로 살아
반쪽만 생각하다
피 쏟으며 뒤로 넘어져도
열릴 줄 모르는 입술과
꿈꿀 줄 모르는 대가리 속에
요놈의 냉각된 가슴일랑
파헤쳐버려라
유령 같은 손톱으로
심장일랑 갈가리 파헤쳐라
요놈의 군상이 나를 유인하려
요사스런 뜀박질 주문을 흩트리며
다가가는 퇴락한 내림굿판
머리통일랑 짓밟고 말아야지
한 토막 길
동강난 울부짖음 속에
너와 나 피어오르다

파장이 없는 목소리였다면
이대로 떠나야 했겠지?
아직도
까만 밤이다

## 이슬방울 모이더니

이슬방울 여럿
공중 떠돌다가
서로 만나 얼싸안고
작은 몸 보태
산들바람에 그네 타며
반짝이는 눈망울들
토란잎에 통통거리며
내려옵니다

# 새싹 한 닢, 시 한 줄 엮어

봄비에 매무새 가다듬고
세상 외출 준비하는
우글우글 많기도 한
여린 새싹들,
두터운 땅껍질 뚫고 마주한
맑은 하늘 눈부신 햇님
들숨 날숨 심장 두근대며
새싹 한 닢, 시 한 줄 엮어
동화책에서 읽은
여기, 에덴동산인가 봐.
이제 막 눈 뜨고…

# 질그릇 화분에 봄이 핀다

사늘한 바람결 연둣빛 풀잎
오리 발자국으로 다가오는
풀섶 스치는 살풋한 봄내음
새싹의 토닥이는 박동소리

은행나무 눈 떠
초록 선물의 봄빛으로
펌프질 마중물 꿀럭꿀럭
동사무소의 새마을 깃발이
바람결에 나풀거린다.

무더기로 쏟아지는 햇살
아스팔트 위 속살 펼치고
해시계를 따라가는 해바라기
검정 대문 속 실뱀처럼
모습 감췄다

연푸른 산자락 끼고

나직이 드러누운 햇살
땅의 소란스런 몸짓
진달래 꽃망울은
다옥한 풀섶에서 실눈 뜬다.

질그릇 화분에
봄이 핀다

# 햇살이 수평선에 누워

수평선과 하늘이 경계를 지우고
꿈속인 듯 숨어 살아
멀리서 오는 물갈키 몇 가닥

가지 않는 시간이 철조망에 걸려
하늘엔 빨건 불덩이를 안고
용솟음치는 심장 거친 용트림에
오아시스처럼 하늘로 품어내는
고래는 먼 바다로 길 떠나고

햇살이 수평선에 섞여
무의식을 더듬는 술렁이는 생명들
까맣게 익어가는 암흑 속에서
죽음은 얼마나 위대하고 화려한가
바다로 떠난 고래가 깊은 수풀 속에서
끝도 없는 블랙홀로 빠져들고

지상에는 그대의 가슴을 더듬는

길 잃은 손마디 낙수처럼
뚝뚝 떨어지고 도가니처럼
감각이 둔화된 허리를 잡고
뜨거운 날숨을 내쉬는
오늘, 애절한 몸부림

# 처음 가보는 길

그래
처음 가보는 길
허연 투구 눌러쓰고
어기적대며 땅이 꺼질까
조심조심 숨죽이며 걷는

세상사 무엇 하나
처음 아닌 게 없다지만
이렇게 가는 길이
때론 어리둥절하고
서툴기도 해 혼자만 가야 하는가
방향을 잃은 무감각해진 촉수

밀려오는 공허한 마음에
시리도록 외로울 때도
아리도록 그리울 때도
혹시나 가슴 뛰는 일이라도 있을까
두리번거려 보지만 안개만 가득

〉

자꾸 빠져나가는 생각들
자꾸 가늘어지는 허벅지
기억 창고를 털어가는 세월
그저 인자한 듯
그저 따뜻한 듯
그저 넉넉한 듯

처음 늙어보는 길 서툴지만
한 발 한 발 더디게 걸으며
갈 길이 왔던 길보다 짧지만
길게 남겨진 그림자가 누구에겐
호롱불 될 수도 있을 테니
나직한 햇살 등지고 가보는 길

# 지금 꽃 피워도 되나요

사늘한 바람 함께 온 연록
옷깃에 스며드는 부드러움
맛깔나게 잘 삭은
알싸한 홍어 입맛

철모르는 붉은 매화
얼얼한 꽃망울 내보이며
'지금 꽃 피워도 되나요'
수줍은 속살

아직 삼동三冬인데
빨리도 오는구나! 반기며
부르는 소리에 철 모른 매화
꿈틀거리는 핏줄을 보인다.

앞서 떠나는 겨울 마중하고
푸른 수액으로 나누는 봄나들이
따사로운 햇살에 기대
가쁜 숨 몰아쉰다.

# 속살 붉히는 매향

대문 밀치고 들어온 햇살이
쏠려 들어간 마당 한 켠에
봄볕 한 짐 부려놓고
벌러덩 너털웃음을 터트린다.

속살 붉히는 매향
남풍 타고 밀려온 뜨락에
새초롬 입술 내민 여린 난초

봄이 왔다.
고양이털보다 부드럽다.
새 숨결로 느껴지는 실연기처럼
한 가닥 밀려오며
각시연 실타래 풀리듯

봄이란 놈
무례하게 구석구석
눈물처럼 배어나와
코앞까지 다가온 햇살에
핑크 연둣빛 윙크.

|해설|

# 도중途中과 내밀內密, 사이의 시학

—남기원의 시 세계

**백인덕** | 시인

1.

상식의 차원에서, 다시 말해 현 단계에서 과학적 성취가 알려준 바에 따르면 우리는 우주의 기원을 이해한다. 비록 아무도 본 적도 없고 들려준 것도 없지만, 지금-여기서 만나는 다양한 흔적들을 되짚어 '상상과 수리'의 힘으로 그 상태를 재구성할 수 있다. 하지만 일상의 지배하는 인과의 법칙과는 다르게 기원을 이해할 수 있다고 해서 그 종말을 확정하지는 못한다. 우주가 종말을 맞을 것인가, 아닌가부터가 문제가 된다. 과거는 흔적이 남지만, 미래는 여전히 예측과 기대라는 방법으로 소환될 수 있을 뿐이기 때문이다. 실감

할 수 없는 우주지만, 그 개념 안에서만 인간도 유의미한 존재로 좌표를 갖는다. 이 말은 한 존재의 인생은 온 우주의 역사와 같다는 뜻이기도 하다. 다만 차이가 있다면, 인간의 한 생은 그 시작부터 종말까지를 한눈에 목격할 수 있을 만큼 짧다는 것과 과거의 사례가 충분히 구속력 있는 결과로 인정될 수 있다는 점이다.

남기원 시인은 '과거-현재-미래'라는 시간의 세 차원에서 무엇보다 '현재'에 집중하는 경향을 드러낸다. 물론 그 현재라는 것도 고정된 불변의 시공간 상의 기간을 지시하는 것이 아니라 시인의 감각과 인식이 애써 닿는 '어떤 지점'을 의미한다.

> 봄비에 매무새 가다듬고
> 세상 외출 준비하는
> 우글우글 많기도 한
> 여린 새싹들,
> 두터운 땅껍질 뚫고 마주한
> 맑은 하늘 눈부신 햇님
> 들숨 날숨 심장 두근대며
> 새싹 한 닢, 시 한 줄 엮어
> 동화책에서 읽은
> 여기, 에덴동산인가 봐.
> 이제 막 눈 뜨고…

–「새싹 한 닢, 시 한 줄 엮어」 전문

이 작품은 이번 시집에서 만나게 되는 희망 또는 바람의 메시지를 함축한 작품 중에서 오롯이 순수한 바람과 기원의 본질적인 의미가 내장된 작품이다. 가령 제목 자체가 강력한 메시지인 「간구懇求」의 경우 등장하는 시어들, 즉 '연록의 봄 길', '초록 햇살', '하느님' 등은 앞의 인용작품과 궤를 같이 하지만 '코로나 19'라는 미증유의 재앙에 대한 직접적 반응이라는 점에서 상징적 의미의 결이 달라진다. "봄비에 매무새 가다듬고/세상 외출 준비하는" '여린 새싹들'에게 인간 세상의 바이러스는 아무 곤란도 장애도 될 수 없기 때문이다.

작품의 표면에 그대로 드러나는 바처럼, "이제 막 눈 뜨"는 '여린 새싹'이 마주한 "맑은 하늘 눈부신 햇님"은 시인이 기억하지는 못하지만, 마땅히 그랬을 거라 여기는 시인의 기원을 유비한다. 따라서 '에덴동산'은 시인이 살아가고자 하는 세상, 더 정확하게 말하면 시인의 '한 살이'를 집약적으로 함축하는 시어가 된다.

때론 뼛속 비우고
공중을 나는 새를 따라
천 리 먼
하늘길 가고 싶다

천상에서 피어나
아직 지상에 내려오지 못한

꽃들이랑 풀 포기들
한 아름 가득
고운 땅으로 데려와
선물로 주고 싶다

한 걸음 물러서면
천국인 것을, 말하는
조금만 뒤돌아보면
모두가 성자인 것을, 말하는

두드려서 열릴 하늘문
끝이 아니기를
살아있는 날들
희망으로 가슴 떠밀어
더덩실,
수묵의 새 떼들
하늘 깊숙이 스민다.

-「마음길 따라」 전문

앞에서 살펴본 것처럼 시인이 생각하는 생의 기원은 '새싹한 낮'으로 '시 한 줄 엮'으라는 축복의 소여所與다. 거기에 호응하는 시인의 자세는 인용작품의 제목인 '마음길 따라' 삿되지 않게 걸어나가는 것이다. 시인은 "때론 뼛속 비우고/공중을 나는 새를 따라/천 리 먼/하늘길"을 가고 싶다 한다. 그 이유는 "천상에서 피어나/아직 지상에 내려오지 못한/꽃들이랑 풀 포기들/한 아름 가득/고운 땅으로 데려와/선물로 주고 싶"기 때문이다. 누구에게, 한 걸음 물러서는 자세로 '성자'가 되고, 그렇게 세상을 '천국'으로 만드는 모두를 생각한다.

인생에서 어떤 변곡점이 보이기 시작하면, 긍지보다 후회가 타자의 위무보다 자기 책망이 늘어나기도 한다. 일상이라는 이름으로 우리를 감싸 안은 현대의 생활양식이 그렇고, 지나치게 촘촘하게 짜인 관계의 그물망도 이런 경향을 가중한다. 따라서 "겉돌 듯 가늘어진 눈꼬리에/다정스러움 간간히 빼먹으며/오가는 말이 짧아지고 투박해져//너나 나나 타인처럼/있어도 없어도 아쉽지 않은/따로국밥을 말아먹었어//길 가며 먼 산 향한/ 다정스러움이 지난 일이었어도/그런대로 잘 쌓아 올린 인생사라고/은근히 좋아했는데//홀로 아리랑이었나."(「이런 게 인생이었던가」)라는 의문과 회의를 드러내는 것은 일견 자연스러운 반응이다.

단순히 나이를 먹는다는 사실을 인지하는 것이 아니라 자신의 종말을 가늠하면서 세월과 연륜의 의미에 대해 다시 집중하게 될 때, 일반적으로 상반하는 두 개의 태도가 드러나곤 한다. 하나는 집착에 가까울 정도로 과거의 방법을 고수하려는 경향이 강해지는 경우고, 다른 하나는 사고와 방식이 유연해지면서 제반 사태들을 새롭게 정립하는 경우다. 이번 시집을 통해 남기원 시인은 '시적 지향'이라 지칭할 수 있는 또 다른 대응

양태를 보여주는데, 이는 앞에서 본 '마음길'이란 시어에서 강력하게 유추할 수 있는 '나그네 의식'과 같은 것이다.

2.

가장 일반적으로 통용되는 것은 가장 보편적이기 때문이다. 인생을 '여행'에 비유하는 것이 그렇다. 남기원 시인은 직접적으로는 '나그네'라는 어휘를 통해 여행, 또는 여행자의 심리 상태와 정서를 포착하고 표현하고 있지만, 길이 아니라 인생이라는 즉, 공간이 아니라 시간 개념을 앞세운다면, 봄과 가을 같은 계절과 계절의 순환을 노래하는 것 역시 큰 틀에서는 여행의 범주에 포함할 수 있다. 명사로서 봄, 여름, 가을, 겨울은 어떤 특정한 시점과 특질을 보편적으로 지시하지만, 체험적으로 우리는 결코 똑같은 계절을 반복해서 경험할 수는 없다.

남기원 시인의 '나그네 의식' 또는 '여행자 정서'는 가장 큰 변별적 요소로 대상의 시간적 양태에 따라 강도와 질감이 다르게 드러난다.

어머니의 아궁이가 익는다
군불로 겨울을 살아가는
식구들의 아랫목에서 맞닿은 살결
고단한 겨울이 녹는다

흑담 딛고 걸음마 하던 시절
불어오던 살풋한 바람 몇 가닥
온몸 휘감고 하늘 오르는 담쟁이넝쿨
이슬에 매달려 시소 타던 날들

－「소중하게 꾸려지는 날들」 부분

모든 여행의 시작은 집(고향)을 떠나면서부터 시작된다. 인생으로 비유하자면, 유년을 벗어나 자기 위주의 사고와 행동으로 시공간을 채워가면서부터 일 것이다. 따라서 "어머니의 아궁이가 익는" 계절은 '고단한 겨울'이지만, 시인이 돌아가야 할 본향으로 언제나 기억 속에 안정되게 자리한다. 따라서 '소중하게 꾸려지는 날들'이란 표현된 의미를 조금 바꾸면 '소중하게 꾸려 간직해야 할 날들'이라고 이해해도 무방할 것이다.

반면에 '그대'로 지칭되는 타자가 등장할 경우 과거이며 기억의 내용일지라도 사뭇 다른 양태가 드러난다.

지난 이야기를 기억하지 못하는
아쉬움과 미련이 얽혀진 채
가을바람에 흔들리는 갈대
뭉게구름 사이 흩어지는 햇살
들녘 부산한 몸부림
붉은 술잔을 허공에 날린다.

목 놓아 부르는, 그대
술보다 독한 눈물 감추고 때론,
추억으로 가슴 태우며
순간, 독백처럼 다시 불러도
허공을 배회하는 낯선 그림자

-「나그네의 이름표를 달고」 부분

시인이 원했든 원하지 않았든 '나그네라는 이름표'를 달고 회억回憶하는 순간이 있다. 거기에는 "목 놓아 부르는, 그대"가 존재한다. 그 존재는 시인이 지탱해왔던 모든 것을 흔들기 충분한데 "아쉬움과 미련이 얽혀진 채"나 "붉은 술잔을 허공에 날린다"와 같은 격렬한 심적 상태를 반영하는 표현들이 쏟아진다. 시인은 나그네로서 앞으로도 뒤로도 다 멀기만 한 한가운데 버려진 것 같은 막막함에 사로잡힌다.

하지만 길의 저 끝, 미래가 다 계획이나 기대했던 바대로 어떤 보상이나 축복처럼 드러나지는 않는다. 여행의 결말을 의지대로 만들 수 없는 게 인생의 본 모습이다.

저 산처럼 푸르게 반짝이며
철없는 아이처럼 어우러져
장구 치고 꽹과리 치고
저 산에서 살자던 살 터였기에

산을 허문다?

서러움을 제치고 앞서는 개발
불도저가 능선을 뒤집으며
붉은 흙 뽑히고, 밀리고, 뭉개진 땅

-「저 산처럼 살자 했는데」 부분

작품을 표면적으로 이해하면 시인은 계속 길 위를 서성여야만 한다. 왜냐하면 '살 터', 그것이 잃어버린 본향을 축소해서 다시 건설하는 것이든 단순히 인생 여정을 정리하기 위한 기착지든 내 의지가 아닌 타인의 탐욕에 의해 그 '터'를 잃음으로써 시도할 기회마저 박탈되어 버렸기 때문이다. 슬프지만 비극적으로 느껴지지 않는 것은 시인이 보여준 이러한 경로가 사실은 현대 일상에 함몰된 우리의 그것과 궤적이 다르지 않기 때문이다.

어느 정신과 전문의가 독일 철학자 니체의 '인간적인, 너무나 인간적인'이라는 저서를 원용하고 자신의 체험과 상담 경험을 통해 '여행의 등급'을 설정한 글을 본 적이 있다. 그는 현대인을 'Homo Viator(여행하는 인간)'로 정의하면서 여행을 '보는(seeing)', '배우는(learning)', '느끼는(feeling)', '깨닫는(awakening)', '체득하는(acquiring)' 등의 단계로 나누었다. 여기서 가장 마지막에 강조한 것은 이 모든 것이 '삶으로의 여행(journey to life)'에 요소가 되어야 한다는 점이었다. 이 정리를 액면 그대로 받아들이기에는 좀 문제가 있지만, 어쨌든 시인에게 '삶'이란 곧 시인으로서의 자기 정위正位이기에 시인의 모든 여행, 혹은 나그네 의식은 시라는 개념 또는 시작詩作으로 귀결하기 마련일 것이다.

옷깃 여미는 계절의 숨소리
가슴 스미는 리듬
문틈 비집고 온 갈바람

달빛 내려앉은 무대에
검게 위장한 꽃사슴 눈이 맑다
보는 눈, 열린 귀
가슴에 닿아 울리는 리듬

천상의 메아리
낮게 흐느끼는 알토
텅 빈 가슴께로 밀려
감춰 둔 영감靈感을 깨운다.

눈 안에 클로즈업
암흑으로 멀어져간 무대에는
정녕, 무심한 푸념 같은
시어詩語 무더기
달빛에 젖는다

-「보는 눈, 열린 귀」 전문

시인은 끊임없이 변하는 계절과 그 틈바구니에 오롯이 숨

죽인 뭇 생명의 '리듬(숨소리)'을 감지하기 위해 '보는 눈, 열린 귀'의 중요성을 강조하고 있다. 또한 "텅 빈 가슴께로 밀려/감춰 둔 영감靈感을 깨운다."라는 부분에서 '보는 눈, 열린 귀'가 자신의 시작 방법의 근간임을 은연중에 드러내고 있다.

이처럼 시는 '삶으로의 여행'이라는 '나그네 의식'의 최종 심급에서 시인이 찾아낸 최선의 자기 확인 방법이다. 계절 따라 피는 각양각색의 꽃처럼 자신의 아침과 저녁을 다른 정서와 어휘로 표현할 수 있게 되었기 때문이다. 그러나 그렇다 하더라도 일상의 기쁨과 염려가 다 질적으로 변하거나 일거에 사라지는 것은 아니다. 여전히 시인은 "이순耳順 고갯마루에서/어우러진 어릴 적 동무들/국화 무더기 닮았네//해남 땅끝 가는 버스/남진이가 '둥지'를/멋들어지게 흔들고//소주가 한 순배 돌면/보물찾기 어제인 듯 옛이야기/개옻나무 붉게 타는 입술에 아릿한 미소 품어내는 동행"(「오랜만의 동행」)을 기꺼워한다.

3.

남기원 시인은 자신의 내밀한 바람을 「시詩로 살고」라는 작품에서 "빛 색깔을 흩뿌리는/산마루 허리 굽은 소나무/한 번 삶으로 백 년을 잇고/초록잎 피워 계절 따라 의미를 담는" 소나무에 비유해서 암시한다. "푸른 잎은 제 이름을 부르며/한평생 시詩로 살고파"는 소나무의 바람이기보다는 시인의 육성에 가깝다. 하지만 시인은 '푸른'이 상징하는 과거를 소환하는 순간에도 자신의 현재 위치를 망각하지 않는다.

처음 가보는 길
허연 투구 눌러쓰고
어기적대며 땅이 꺼질까
조심조심 숨죽이며 걷는

세상사 무엇 하나
처음 아닌 게 없다지만
이렇게 가는 길이
때론 어리둥절하고
서툴기도 해 혼자만 가야 하는가
방향을 잃은 무감각해진 촉수

밀려오는 공허한 마음에
시리도록 외로울 때도
아리도록 그리울 때도
혹시나 가슴 뛰는 일이라도 있을까
두리번거려 보지만 안개만 가득

자꾸 빠져나가는 생각들
자꾸 가늘어지는 허벅지
기억 창고를 털어가는 세월
그저 인자한 듯
그저 따뜻한 듯
그저 넉넉한 듯

처음 늙어보는 길 서툴지만
한 발 한 발 더디게 걸으며
갈 길이 왔던 길보다 짧지만
길게 남겨진 그림자가 누구에겐
호롱불 될 수도 있을 테니
나직한 햇살 등지고 가보는 길

-「길 위에서」 전문

시인은 처음 가보는 길 위에 있음을 분명하게 자각하고 있다. '허연 투구', '어기적대며' 등은 신체의 변화를 부정적으로 드러내지만 그렇다고 시 전체가 부정성에 함몰하지는 않는다. 솔직한 심사의 술회도 있다. "세상사 무엇 하나/처음 아닌 게 없다지만/이렇게 가는 길이/때론 어리둥절하고"라는 부분은 과거의 어떤 성과나 미래의 어떤 계획도 내세우지 않는 현재에 진솔한 자기 진술이라 할 수 있다. 그만큼 울림도 크다. 늙는다는 부정성에 대한 이런 솔직한 긍정이 시작詩作에선 역설적으로 큰 힘을 발휘한다.

반짝이는 별
땅 위 슬픔 모두
어둠 타고 하늘로 올라가
별들 눈에 눈물 고여 푸른 숲
마주 보며 반짝인다.

별을 따라 산에 오른다
푸른 숲 기대인 밤하늘
금방 눈물 흘릴 듯
깜박이는 별의 눈이 서러워
은하수 길 우루루 다가온다.

헐거운 생의 빈칸을 메우려
날빛으로 유영하는 물그림자
리듬 태우는 한밤 여운
속눈썹에 어리는 그리움
별 따라가면
은하 속 깊어진다.

-「푸른 별, 숲에 눕다」 전문

표제작인 이 작품에서 시인은 "땅 위에 슬픔 모두/어둠 타고 하늘로 올라가"는 상황을 상정한다. 이것은 지상에서 '푸름과 늙음'의 변화와 차이 때문에 불안에 휩싸이던 자아가 아니다. 시인은 드디어 "별 따라가면/은하 속 깊어"짐을 볼 수 있게 되었다.